Kathleen Lützner

Sternenzauber

Faltsterne aus Transparentpapier

CHRISTOPHORUS
BRUNNEN-REIHE

Inhalt

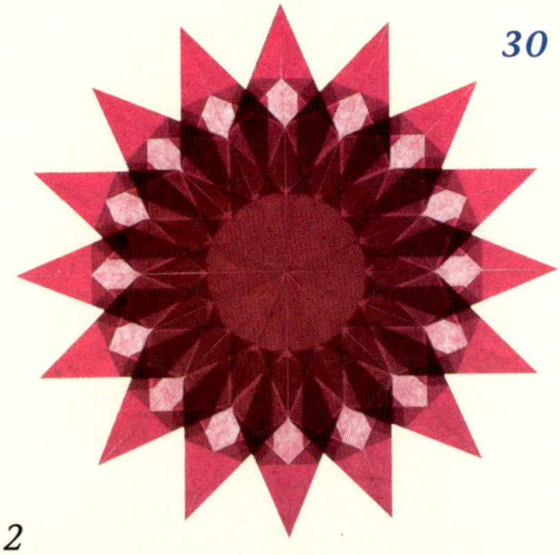

Zauberhafte Sterne

Sterne gehören ebenso zu Winter und Weihnachten wie Schnee und Tannenbäume. In kalten, klaren Winternächten stehen sie strahlend am Himmel und erfreuen uns mit ihrem Licht. Wunderschöne Faltsterne, aus Transparentpapier gezaubert, begeistern dagegen tagsüber, wenn die Sonne scheint. Das Licht lässt sie zu zauberhaften Kunstwerken werden, faszinierend durch ihre Transparenz und harmonische Symmetrie.

In diesem Buch finden Sie eine Vielfalt von einfachen bis hin zu etwas aufwändigeren Sternen. Ob riesengroß mit 16 Sternspitzen oder klein mit vier Spitzen, alle Sterne lassen sich nach den präzisen Schritt-für-Schritt-Zeichnungen mit etwas Geduld leicht falten.
Beginnen Sie mit einem einfachen Stern und in Kürze werden Sie genügend Übung und Freude am Falten haben, dass auch die etwas schwierigeren Sterne problemlos zu bewältigen sind. Probieren Sie es aus - Sie werden begeistert sein !

Viel Spaß!

Ihre 

So gehts

Transparentpapiere

Farbiges Transparentpapier, auch Drachenpapier genannt, wird im Fachhandel meist in Bogen oder als Rollen angeboten. Sie können auch quadratisch geschnittene Faltblätter kaufen, z. B. bei Opitec. In der Regel werden Sie aber das Papier selbst auf die gewünschte Größe zuschneiden müssen. Neben den klassischen unifarbenen Transparentpapieren gibt es Papiere, die mit verschiedenen Mustern bedruckt oder geprägt sind.

Hilfsmittel

Zeichenkarton oder dünne Pappe, Lineal, Geo-Dreieck, Zirkel, Bleistift (weich, gespitzt), große Papierschere, eine feste Unterlage für die Faltarbeit, z. B. eine Glasscheibe oder ein Schneidebrett, Klebestift, z. B. UHU stic, Alleskleber, z. B. UHU flinke flasche.
Hinweis zum Klebstoff: Sind nur zwei Lagen Transparentpapier zu verkleben, eignet sich ein Klebestift: Er trocknet transparent auf und die Klebestelle ist nicht mehr sichtbar. Flüssigkleber wird eingesetzt, wenn mehrere Schichten miteinander verklebt werden. Nur dann sind die Klebestellen nicht zu sehen.

Schritt-für-Schritt

1 Alle Spitzen eines Sterns bestehen aus einer Grundform. Das kann ein Quadrat, ein Rechteck (meist Doppel-Quadrat) oder ein Kreis sein. Bevor Sie mit dem Falten der Sternspitzen beginnen, fertigen Sie nach den angegebenen Maßen eine exakte Schablone aus Karton oder dünner Pappe der jeweiligen Grundform an.

2 Die Schablone auf Transparentpapier legen und die Umrisse mit einem weichen, spitzen Bleistift sorgfältig nachzeichnen. Die Anzahl der benötigten Elemente ist jeweils angegeben.

3 Die Grundformen ausschneiden, dabei Bleistiftlinien möglichst wegschneiden.

4 Die Grundformen nach den Schritt-für-Schritt-Zeichnungen auf dem Vorlagebogen präzise falten.

5 Die fertig gestellten Sternspitzen nach Klebetechnik A oder B zusammenkleben. Bei den Sternen wird auf die entsprechende Klebetechnik hingewiesen.

Klebetechnik A

Die einzelnen Sternspitzen im Wechsel, mal von oben, mal von unten, anbringen. Dabei liegt die Kante der neuen Spitze genau auf der Mittellinie der vorhergehenden. Nach und nach entsteht ein Kreis, der sich beim letzten Blatt schließt.

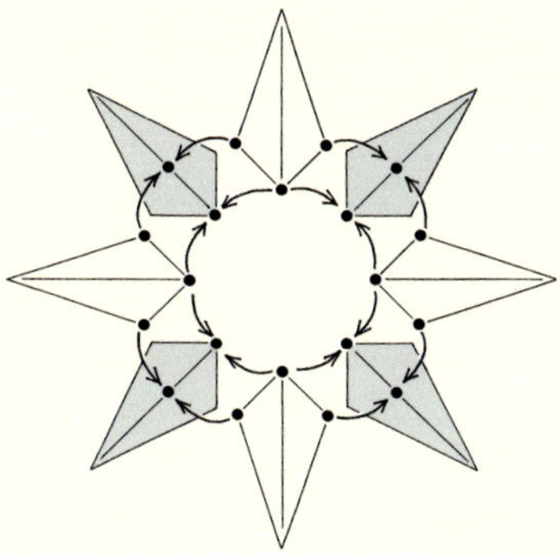

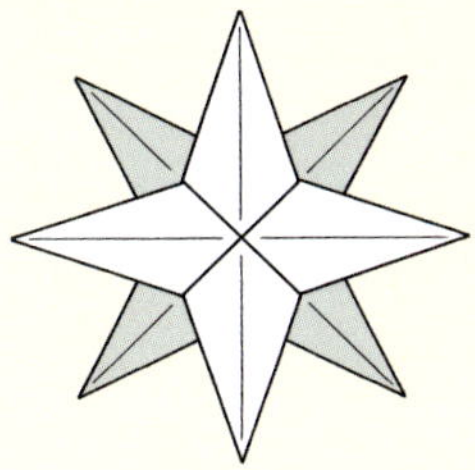

Klebetechnik B

Die Sternspitzen fächerartig aneinander kleben. Auch hier liegt die Kante der neuen Spitze genau auf der Mittellinie der vorhergehenden.

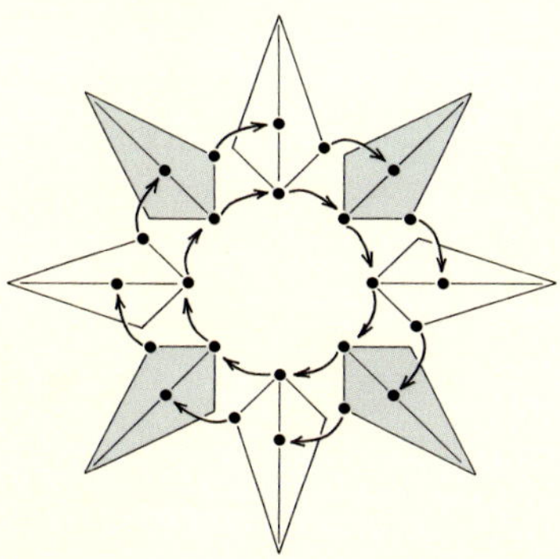

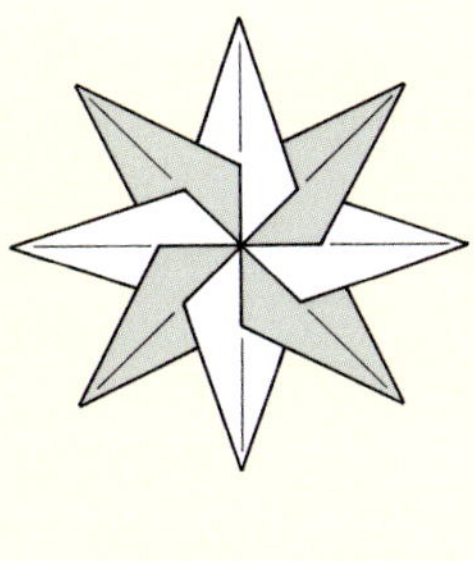

Stern 1

Material

- Sternchen-Transparentpapier in Weiß

Grundform

- Rechteck 7 x 14 cm

Anzahl 8

Klebetechnik B

❊

Tipps & Tricks

■ Bei den abgebildeten Sternen ist immer das Maß des größten Sterns angegeben. Varianten erhalten Sie, wenn Sie die Maße der Grundform im gleichen Verhältnis zueinander verkleinern oder vergrößern, z. B. statt 10 x 20 cm dann 20 x 40 cm.

■ Bitte immer exakt schneiden, falten und kleben, sonst passen die Einzelteile nicht sauber aufeinander und das Sternenmuster sieht unregelmäßig aus.

■ Versuchen Sie die folgende Methode, um mehrere Grundformen gleichzeitig auszuschneiden: Die Lagen aufeinander legen, am Rand zusammenklammern, die Umrisse mit Hilfe der Schablone übertragen und alle Lagen zusammen ausschneiden.

■ Sollte der Stern Knicke haben, z. B. nach der Lagerung in den Sommermonaten, so kann er gebügelt werden: Zwischen zwei Blatt Papier legen, das Bügeleisen auf die niedrigste Stufe einstellen und kurz darüberfahren.

■ Wenn Sie mit gestreiftem Papier arbeiten, sollten die Längsseiten der Elemente rechts und links immer mit einem Streifen gleicher Farbe abschließen, damit das Sternenmuster symmetrisch wirkt.

Hinweis

Bei jedem Stern ist der Schwierigkeitsgrad angegeben:

❊	*gelingt leicht*
❊ ❊	*etwas schwieriger*
❊ ❊ ❊	*komplex; erfordert etwas Geduld.*

Stern 2

Material

- Transparentpapier in Blau, Violett, Rot

Grundform

- Quadrat 14 x 14 cm

Anzahl 8

Klebetechnik A

✻ ✻

Stern 3

Material
- Streifen-Transparentpapier in Grün, Blau

Grundform
- Rechteck 6,3 x 14 cm

Anzahl 8

Klebetechnik A

☼

Die Streifen an den Längskanten links und rechts sollten immer gleichfarbig sein.

Sterne 4 & 5

Material

Stern 4

- Transparentpapier mit Seidenraupen-Design in Pink, Blau

Stern 5

- Transparentpapier in Grün, Pink

Grundform

Stern 4

- Rechteck 7 x 14 cm

Stern 5

- Quadrat 14 x 14 cm

Anzahl 8

Klebetechnik A

Stern 4: ✻ ✻
Stern 5: ✻ ✻ ✻

Stern 6

Material

- Transparentpapier in Violett, Blau, Grün

Grundform

- Quadrat 14 x 14 cm

Anzahl 16

Klebetechnik A

✻ ✻

Sterne 7 & 8

Material

- Transparentpapier in Grün, Pink, Violett

Grundform

- Quadrat 14 x 14 cm

Anzahl jeweils 8

Klebetechnik A

*

Stern 9

Material

- Transparentpapier

Grundform

- Quadrat 14 x 14 cm

Anzahl 16

Klebetechnik A

✻ ✻ ✻

Sterne 10 & 11

Material

Stern 10

- Transparentpapier in Grün

Stern 11

- Transparentpapier in Orange

Grundform

- Rechteck 7 x 14 cm

Anzahl 8

Klebetechnik A

Stern 10: ☼ ☼

Stern 11: ☼ ☼ ☼

Sterne 12 & 13

Material

Stern 12

- Transparentpapier mit Seidenraupen-Design in vier Farben

Stern 13

- Transparentpapier in Gelb, Blau

Grundform

- Quadrat 14 x 14 cm

Anzahl 8

Klebetechnik

Stern 12: B

Stern 13: A

✳ ✳

Sterne 14 & 15

Material

- Regenbogen-Transparentpapier

Grundform

- Rechteck 7 x 14 cm

Anzahl

Stern 14: 4

Stern 15: 8

Klebetechnik

Stern 14:

siehe Vorlagebogen

Stern 15: B

Stern 14: ✳

Stern 15: ✳ ✳

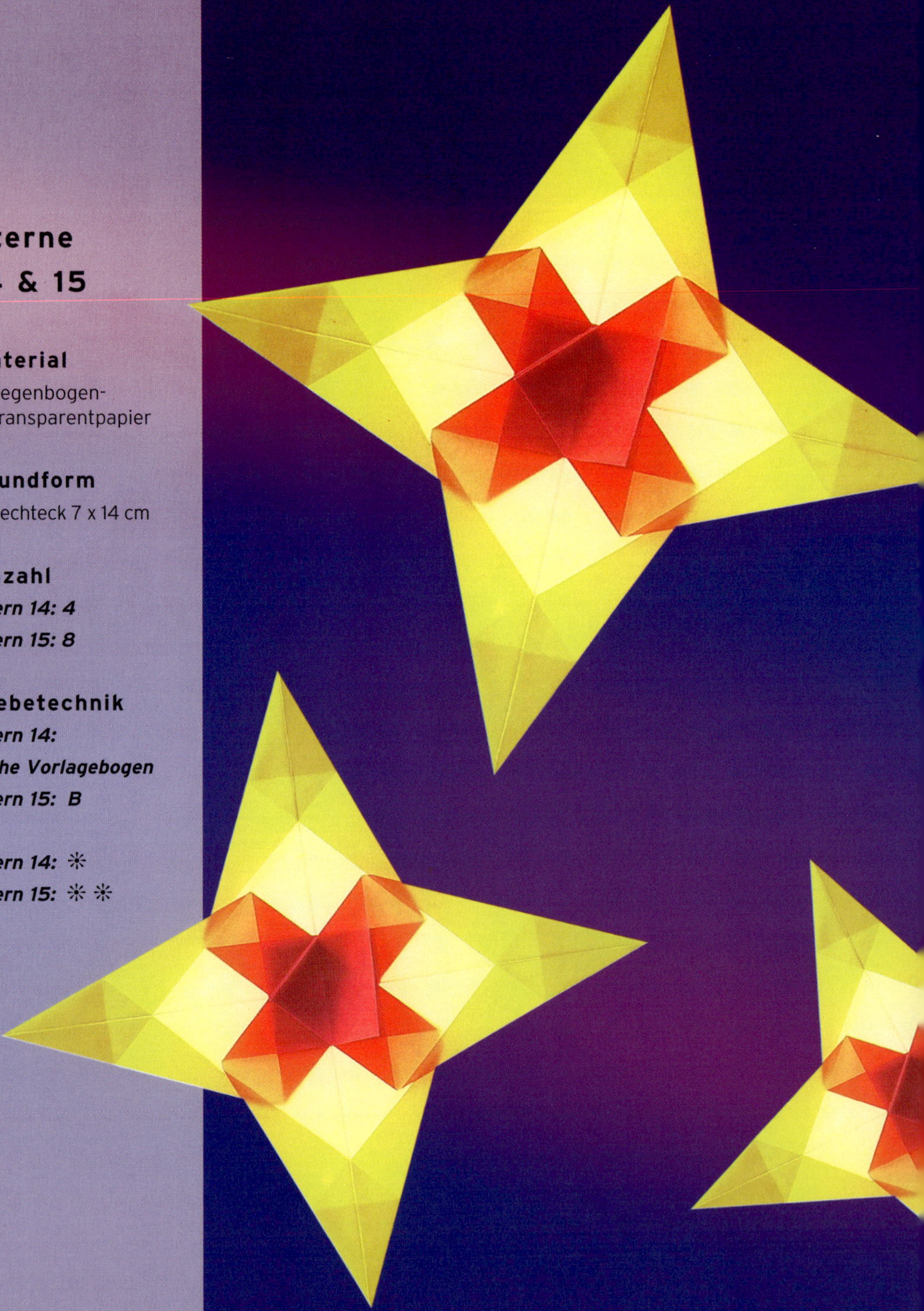

Sterne
16 & 17

Material
Stern 16

- Transparentpapier in Grün oder Violett

Stern 17

- Transparentpapier in Blau

Grundform
- Quadrat 14 x 14 cm

Anzahl 16

Klebetechnik B

Stern 16: ✻ ✻
Stern 17: ✻ ✻ ✻

Sterne 18 & 19

Material

Stern 18

- Transparentpapier in Rot, Gelb

Stern 19

- Transparentpapier in Rot

Grundform

Stern 18

- Rechteck 7 x 14 cm

Stern 19

- Quadrat 14 x 14 cm

Anzahl 16

Klebetechnik A

✻ ✻ ✻

Sterne 20 & 21

Material

Stern 20

- Transparentpapier in Blau, Violett, Grün

Stern 21

- Transparentpapier in Gelb

Grundform

Stern 20

- Kreis 11,5 cm ∅

Stern 21

- Kreis 16,5 cm ∅

Anzahl 8

Klebetechnik A

Stern 20: ✳ ✳ ✳
Stern 21: ✳ ✳

Impressum

ISBN 3-419-56280-2

Lektorat und Produktion:
Elke Fox, Freiburg

Styling und Fotos:
Christoph Schmotz, Freiburg

Covergestaltung und Layoutentwurf:
Network!, München

Coverrealisierung:
smp, Freiburg

Druck:
Freiburger Graphische Betriebe

Wir sind für Sie da, wenn Sie Fragen haben.
Und wir interessieren uns für Ihre eigenen Ideen und Anregungen.
Schreiben Sie uns, wir hören gern von Ihnen!
Ihr Christophorus-Team

Christophorus-Verlag GmbH
Hermann-Herder-Str. 4
79104 Freiburg
Tel.: 0761/ 27 17-0
Fax: 0761/ 27 17-3 52
e-mail:
info@christophorus-verlag.de

Aus der Brunnen - Reihe

3-419-56163-6

3-419-56162-8

3-419-56169-5

3-419-56232-2

3-419-56181-4